MANIFESTE

ABSTENTIONNISTE

PAR

J. BUZON JEUNE

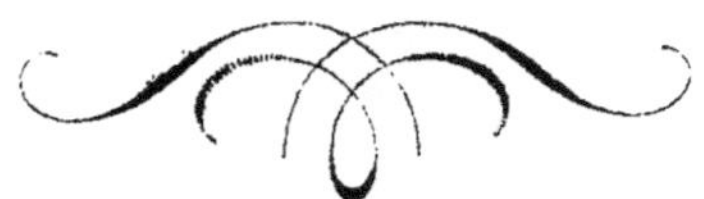

BORDEAUX

IMPRIMERIE GÉNÉRALE DE Mᵉ CRUGY,

rue et hôtel Saint-Siméou, 16.

1863

AUX ABSTENTIONNISTES

AUX DÉMOCRATES FÉDÉRALISTES

L'heure des rendements de comptes, l'heure des congés, des passe-ports, est arrivée pour les mandataires du pays.

Dans les rangs démocratiques, flagrante est la division. Il y aurait faiblesse, sinon folie, à le cacher.

Pour quelques patriotes atteints de myopie, ce fait est un chagrin ; pour nous, cherchant toujours à sonder le sphinx plébéien, ce fait n'est rien moins que le prélude de l'émancipation des consciences, des idées.

Meurtrie au lendemain de son Waterloo, au lendemain de 1852, l'armée de la Révolution abdiqua d'emblée son initiative aux mains de quelques meneurs plus intrigants que capables.

Enrégimentée, elle votait d'entrain, en bloc, comme un seul homme ; c'était un corps, ce n'était pas une âme.

Par cette division, elle affirme aujourd'hui qu'elle est lasse enfin de l'impuissance de ses chefs, de l'équivoque de sa position.

C'est une épuration qu'elle demande ; c'est une réformation, une reconstitution, une résurrection qui s'affirme. — Debout, Lazare !

Or, ce qu'elle veut avant tout, c'est le contrôle du passé, comme phare de l'avenir.

Ainsi que le dit si bien M. le Ministre dans sa circulaire du 8 mai : « *Il faut que cesse toute équivoque,* » *que nul ne puisse être dupe de telle forme oratoire,* » *de telle habileté de langage.* »

Donc, jetons un coup d'œil rapide sur la conduite de la démocratie parisienne, sur celle de la démocratie girondine, coup d'œil d'ensemble, synthétique, et procédons comme le peuple a l'habitude de faire.

Comme sous la Restauration, sous la dynastie des Orléans, la démocratie parisienne, journalistes et députés, a vécu d'expédients, de procédés, de ce que *nous peuple* appelons des balançoires, des ficelles politiques. Tous les engins bien connus du constitutionnalisme, tout le parc de l'artillerie gouvernementaliste, tout l'arsenal de la politique parlementaire anglaise, toutes les fourberies, les hypocrisies, le pharisaïsme de l'école économique anglaise, nous les avons vus défiler sous nos yeux, — moins les Manuel, les général Foy, les Guizot, les Thiers, les Berryer.

Inféodée de gré ou de force à l'Empire par son serment, l'opposition des Cinq, poussée par l'opposition journaliste, se réduit de fait à des escarmouches sans gloire comme sans portée, à des questions de détail.

Quant à l'ensemble, — entre l'Opposition et l'Empire, pour tout esprit avisé, pour tout œil clairvoyant, l'entente fut parfaite; — à peine la couleur de l'habit, voilà tout. — Voyons un peu :

L'Empire, en mainte occasion, s'est réclamé, comme la légitimité, de *son origine providentielle.*

L'Opposition, peu attentive, surtout peu concluante, a laissé dire sans demander d'explications, sans poser de réserves ; de fait, et par incurie, elle se trouve avoir renoncé à la validation, à l'efficacité du suffrage universel, au droit humain de la Révolution, pour le droit divin.

L'Empire a voulu des maréchaux de l'épée, des maréchaux de la finance, que dis-je? des maréchaux de la plume.

L'Opposition a sanctionné, mieux que cela, elle a provoqué l'établissement de ces derniers.

L'Empire, devant une Opposition ferme, opiniâtre, soutenue, aurait peut-être renoncé à l'unité italienne, à la centralisation au dehors.

L'Opposition, en désaccord avec son principe d'initiative individuelle, antiautoritaire, a laissé faire, a laissé créer à nos portes un grand État monarchique de 25 millions d'hommes, une concurrence industrielle mercantile, appuyée sur une concurrence militaire prête à se tourner contre nous demain. En un mot, l'Opposition a fait un 1830 en Italie, a été son Lafayette, quand elle l'avait défait chez elle en 1848.

L'Empire a demandé la guerre ; la guerre lointaine, coûteuse, aventureuse, ruineuse, exorbitante ; c'était son droit.

L'Opposition, servante du système, a accordé la guerre en Crimée, en Syrie, en Chine, en Cochinchine, en Italie.

L'Empire a demandé la guerre, c'est-à-dire la prépotence de l'élément dominateur, improductif, militaire, sur l'élément civil, producteur et souverain, — le travail.

L'Opposition inconsciente, insouciante, s'est suicidée dans son principe en accordant.

L'Empire a demandé la cessation du pouvoir temporel, c'est-à-dire de fait la substitution du spirituel impérial au spirituel papal : — Charlemagne au lieu de Boniface VIII.

Sans nulle foi en la justice, en la morale de la Révolution, l'Opposition a accordé ; bien mieux, l'Opposition s'est montrée plus royaliste que le roi, plus césarienne que César, plus contre-révolutionnaire que l'Empire.

L'Empire a procédé à la dissolution de notre régime municipal, pierre angulaire de la Révolution de 89.

L'Opposition a mollement protesté, si ce n'est pour l'affaire des circonscriptions électorales.

L'Empire a demandé le libre-échange, — c'est-à-dire, dans le milieu anarchique privilégié, exploiteur, où vivent le commerce et l'industrie, la tradition, la livraison des masses travailleuses à la caste capitaliste et financière, à la bancocratie au dedans ; au dehors, quoi qu'on fasse, quoi qu'on dise, la livraison de la nation à l'étranger, dont les écus viendront un jour hypothéquer son *sol dénationalisé*.

L'Opposition, traître à son mandat, a laissé faire : livré le travailleur, qu'elle avait mission de protéger ; la France, qu'elle devait couvrir de son patriotisme comme d'un manteau.

Ainsi, résumons : des escarmouches, des contre-sens révolutionnaires, de la langueur, du parlage comme autrefois, voilà quelle a été l'opposition de ces pâles continuateurs de 89.

Un mot pour finir à leur endroit :

Sur cinq, — deux, Darimon et Ollivier, sont les commensaux, les intimes du prince Napoléon, les gonfalonniers, les porte-drapeaux de sa politique.

Quant à Jules Favre, l'homme de la coterie du *National* jadis, le héros de la tribune parlementariste aujourd'hui, en l'absence de tant d'autres muets ou en exil, Jules Favre, dis-je, accusé avec hauteur de fraude et de captation par le ministre du gouvernement, malmené par le général d'Ornano, outragé dans sa qualité d'ex-ministre de 1848, de représentant de la France, n'a pas su, en fin de session législative, en signe d'adieu, trouver un de ces mots, un de ces mouvements qui ouvrent au plus humble tribun un nom, une page dans l'histoire.

Pour tout dire, Jules Favre n'a pas été à la hauteur de Manuel en 1823.

Quant aux journalistes, boutiquiers, soudards du capital, décorés, subventionnés peut-être de Victor-Emmanuel, n'en parlons pas. — Assez de pauvretés comme cela.

Arrivons maintenant à la démocratie girondine.

Quatre candidats démocratiques sont en présence, plus un candidat mixte.

Commençons par le doyen, — par Simiot. A quoi bon, dans une profession de foi démocratique, articuler votre qualité de propriétaire? — Que nous importe à nous ? Sous la légitimité, sous le régime de l'élection censitaire, ce pourrait être un titre aux yeux de l'électeur ; mais, dans votre bouche, c'est presque un contre-sens.

Cette préoccupation antirépublicaine nous prouve que, quoique démocrate, vous n'acceptez pas les conséquences des principes de la Révolution relativement à la transformation de la propriété. — Nous le savions d'avance ; nous savions que vous êtes pour le monopole terrien de droit divin, et non pour le droit humain, le travail.

Avez-vous servi, lui dirons-nous, les grands intérêts de la Révolution, comme vous le dites avec pompe, en votant l'état de siége à la Constituante ?

Si oui, c'est que, partisan de la dictature, vous reconnaissez de fait, au-dessus de la Révolution, des principes antérieurs et supérieurs qui la subalternisent et la corrompent. Vous êtes donc avec la contre-révolution.

Vous ne voulez pas de la fusion orléaniste, dites-vous ; mais de la confusion napoléonienne, vous en voulez.

Car vous êtes pour la centralisation administrative, c'est-à-dire, pour qui sait lire, pour le fonctionnarisme, la bureaucratie, l'improductivité.

Vous êtes pour le libre-échange, pour la centralisation des grands capitaux dominateurs des petits, pour l'inféodation des bourses, amenant l'inféodation des consciences. — Vous êtes pour la confusion.

Oui, laissons de côté les habiletés de langage, les figures de rhétorique, comme dit M. le Ministre, et prenons avec vous les figures de géométrie.

Vous suivez, dites-vous, *la ligne droite*. Très-bien ; mais la ligne droite vous conduit fatalement à refuser le serment, et vous l'acceptez.

De trois choses l'une : ou faussaire, ou illogique, ou dictateur par raison d'État. — Choisissez.

Or, votre honorabilité bien connue nous défend de mettre en doute votre conscience ; il devient évident que vous êtes l'esclave de la raison d'État, le vassal du droit divin.

Encore une fois, vous êtes pour la confusion. — Oui, nous avons du respect, de la sympathie pour les échecs, les souffrances que vous ont valus vos convictions mal éclairées ; mais, parlant en liberté, nous vous dirons :

Nous admirons, dans une certaine mesure, les *grognards*, les vétérans de l'armée, comme ceux de la Révolution. Oui, trente ans de travaux, huit ans d'épreuves, en tout trente-huit ans de résultats négatifs, voilà qui constitue peut-être un titre à une retraite glorieuse, mais non à une imprudente activité. Ce sont de fortes recrues qu'il nous faut, et non des Gérontes.

A ceux qui nous parlent de reconnaissance, nous répondons : Dans la vie privée, si la reconnaissance est le plus saint des devoirs, — dans la vie publique, l'ingratitude est le premier des droits.

La démocratie sert des idées, et non des hommes.

Si du conclave Simiot nous passons à la chapelle maçonnique, nous trouvons devant nous Hermitte.

Comme Simiot, ce prétendant ne veut pas de la fusion, mais il veut de la confusion.

Il veut, dit-il, de la *liberté sans réserve*, si ce n'est la réserve métallique et capitaliste; car il est partisan du libre-échange, du laissez-faire, du laissez-passer; — c'est-à-dire, en fin de compte, il reconnaît aux démocrates le droit de mourir de faim à la porte du capitaliste privilégié, monopoleur et gorgé, comme, en Angleterre, l'ouvrier à la porte des usiniers d'Albion.

Mieux que pas un, ce candidat croit avoir compris les principes de 89, et il s'en promet l'application.

Aussi est-il nettement pour le *droit au travail*, — rien que ça, — c'est-à-dire pour le droit à la production, pour le droit à la consommation.

Ça va sans dire; car, à quoi bon produire si l'on ne peut consommer? — S'imagine-t-on une nation produisant sans cesse et ne consommant pas en proportion? — Il y aurait déperdition, engorgement, gaspillage. Ce serait bientôt fait de sa fortune publique.

Mais, s'il reconnaît le droit de consommation et de production, il reconnaît forcément le droit aux moyens de produire, le droit aux instruments de travail, à la terre.

Voilà le candidat forcé de conclure net contre la propriété.

M. Hermitte est-il socialiste, — oui ou non? Qu'il le dise.

M. Hermitte à Bordeaux, comme Laboulaye à Paris, veut du gouvernement; mais si peu, si peu que rien, si peu que pas grand'chose.

Allons, encore un pas, candidat, et vous voilà tombé dans le gouvernement de soi par soi, dans l'an-archie, puisqu'il faut l'appeler par son nom.

Encore une fois, êtes-vous socialiste?

Après tout, ça se pourrait. Patronné par M. Ballande, un ex-admirateur de Proudhon, connu par nous comme socialiste dans un temps, il peut se vanter d'une fière conversion.

M. Ballande, en parfaite connaissance de cause sans doute, a reconnu la supériorité de logique sociale de l'avocat bordelais sur le réformateur franc-comtois.

Cela prouve l'habileté de l'un et la sagacité de l'autre.

Mais, si M. Hermitte est socialiste, c'est-à-dire partisan du droit humain, pourquoi accepter le serment qui relève d'une raison d'État, d'un principe supérieur à la Révolution, et fait de lui, de force ou de gré, un partisan du droit divin?

Là, son habileté est en défaut.

Il évite la fusion, c'est vrai ; mais il tombe dans la confusion, ce qui est pire.

Bonne chance à M. Hermitte et à son patron, nouveau converti.

Du candidat Hermitte, passons à Larrieu et à Curé.

M. Larrieu, ex-démocrate constituant de 1848, devient simple libéral en 1863. Homme de progrès, ce candidat recule, ni plus ni moins, de trente-trois ans, jusqu'en 1830.

Cela ressemble beaucoup, nous dit un loustic de la démocratie, au perroquet de Jocrisse, qui, dans sa cage, se trouve être devenu un chat.

D'ailleurs, il n'a pas de rancune, dit-il. Pas n'est difficile à croire.

En 1848, vous lui confiez un mandat. Faute de fermeté dans les principes, comme tant d'autres, il fait échouer la Révolution. Par suite, ses commettants prennent le chemin de l'exil, et il n'a pas de rancune. Le naïf !

C'est à vous à en avoir, démocrates, à laisser ce libéral de fraîche date dormir en paix dans son château du Haut-Brion, où il est si bien !

M. Curé, le candidat mixte, avait au Corps législatif des habitudes d'abstention.

Je ne pouvais savoir pourquoi. Le loustic ci-dessus nous l'a expliqué.

Dans les tableaux de Téniers, de l'école flamande, on voit au premier plan la masse des personnages prenant part à l'action ; les jeunes dansent, jouent ; les vieux se versent des rasades ; mais dans la pénombre, au deuxième plan, on voit toujours dans un recoin un homme, le dos tourné, occupé à certain besoin.

M. Curé est le pendant exact de ce personnage. Pendant que le gros des orateurs ses collègues verse à la tribune des flots d'éloquence, il est toujours, lui, occupé à autre chose.

Rendons-lui la monnaie de sa pièce, et donnons-lui le temps de s'absenter.

De la petite chapelle, nous voici arrivé au cénacle périgourdin, dont le saint Pierre est Lavertujon.

Comme le prince des apôtres gardant les clés du Paradis, Lavertujon tient le haut verrou de la presse démocratique, et le tient bien, je vous le jure.

M. Jules Bastide, ex-ministre de la République, et **M.** Rolland lui demandent par lettre d'insérer l'appel fait aux démocrates de l'abstention avec bulletin blanc, appel paru dans la *Gazette de France* avec une quinzaine de noms tels que Jules Bastide, Arago, Élias Regnault, Langlois, Proudhon, Pilhes, etc. Lavertujon refuse net. Cela porterait tort à son élection. O candide candidat !! ·

Ainsi, voilà la chétive personnalité du candidat de la liberté de la presse mise au-dessus des principes. Prenons acte.

Ce n'est pas tout. Saugeon, comme le fameux Menchikoff réclamant de l'autocrate turc les clés du Saint-Sépulcre, veut à son tour qu'on tire le verrou. Refus au démocrate Saugeon.

Certes, ce n'est pas nous qui prendrons parti pour ce dernier. Pédagogue et trembleur, promiscuitaire de lettres, homme pratique pratiquant l'onanisme intellectuel dans les cercles littéraires, ces machines de police et de politique à l'usage du gouvernement, faisant de l'art une prostitution, une boutique ; ce n'est pas nous, dis-je, qui, entre le libéralisme borgne de Saugeon et le libéralisme boiteux de Lavertujon, voudrons mettre le doigt.

Querelle de ménage, après tout.

Décidément la *Gironde* n'est pas une tribune ; c'est un comptoir, c'est un bureau.

M. Lavertujon, lui, fait profession de journaliste d'abord, profession de foi ensuite, s'il nous en donne ; car, en ce moment,

> Imitant de Conrard le silence prudent,

il se ramasse, il se concrète.

S'il nous en donne, soyez-en sûr, cela ressemblera pas mal aux pronostics du fameux pilote de Royan, —

le capitaine Beautemps-Bellemer. Quand celui-ci se voyait entouré des amés et féaux de son équipage : « Voyez-vous ce temps là-bas, leur disait-il, eh bien ! je ne vous dis que cela !... »

Le lendemain, suivant la température, il reprenait : « Eh bien ! que vous avais-je dit ? »

Avec cela, les Mathieu (de la Drôme) de la politique ne risquent pas de se tromper.

Habitué au transcendantalisme, quoique démocrate, il lui faut des diplômes venus de haut ; il se réclame de Jules Favre, de Marc Dufraisse, de Jules Simon. L'humble jugement de ses coreligionnaires du suffrage universel ne lui suffit pas. Pour lui, meunier n'est pas juge en son moulin.

Que nous fait à nous l'appréciation de ces hommes, malgré leur apparente supériorité politique ? Il y a toujours quelqu'un qui en sait plus qu'eux : c'est tout le monde.

Nous savons une chose : les deux premiers ont vu échouer 1848 entre leurs mains et en verraient échouer bien d'autres. Quant à Jules Simon, le philosophe éclectique disciple de Cousin, nous savons ce que son patronage signifie ; cela veut dire : fusion, diffusion et confusion.

Le plus joli en tout cela, ce sont les électeurs correspondants anonymes, révolutionnaires, cryptogames ; leur coopération les fait ressembler pas mal aux comparses de comédie : 1er électeur, 2e électeur, 3e électeur. — Si ça leur plaît, — à nous aussi.

M. Lavertujon sait avant tout qu'il faut de la prudence. — Il ira à l'Académie, soyons-en sûrs. Quant au Corps législatif, je ne sais !

Lavertujon, lui, ne s'en cache pas, il est pour la fusion. — Éclectique en politique, c'est-à-dire sceptique, doctrinaire, c'est-à-dire faiseur, il appuie volontiers Lur-Saluces et Casimir Périer du *Courrier de la Gironde*, sans doute à charge de réciprocité pour lui et les siens.

Donnant donnant, il prend ses alliances où il les trouve, et, partisan à outrance du gouvernement mixte, composite, il fait à la fois de la fusion et de la confusion.

Grand admirateur des Anglais, ainsi que M. Persigny, qui nous les montre à tout propos, et notamment dans sa circulaire du 8 mai, — M. Lavertujon, depuis dix ans, n'a fait que de la politique anglaise, de la morale anglaise, de l'économie politique anglaise.

Il s'est fait à Bordeaux le meneur, le propagateur de Frédéric Passy, le successeur de Bastiat, l'apôtre de la misère.

Il a semé l'élasticité des principes, il récolte la division. « Comme on fait son lit on se couche, » dit le proverbe.

Que la démocratie lui soit légère !

Or, nous, démocrates de 89, nous ne voulons plus de politique anglaise, parce que la fiction anglaise, tant vantée, reste en effet une fiction pour la plèbe anglaise, opprimée, exploitée par une oligarchie à deux têtes : l'aristocratie terrienne, l'aristocratie financière. Voilà ce qui est une triste réalité.

Nous avons assez de la morale anglaise, parce que nous savons combien il a fallu de têtes d'Indiens, de cadavres irlandais, pour fonder cette oligarchie de boutiquiers, d'usuriers hauts-barons de la guinée, de la mélasse, du calicot, *les Carthaginois de nos jours.*

Malgré l'étalage menteur du mécanisme britannique, nous avons assez de l'économie politique anglaise tant vantée, depuis quarante ans, par les avocats de la plume, *par les trop fameux économistes, par les valets de plume de la boutique,* comme les appelle *Toussenel.*

Nous ne voulons plus de la morale anglaise, parce que nous savons combien de gallons de gin, cette boisson d'enfer, ainsi que dit lord Byron, il faut pour abrutir l'ouvrier anglais; combien, enfin, il a fallu broyer de poitrines humaines, de machines de chair, pour servir de moteur, de piston, à ces machines de fer qui mettent le monde entier à la réquisition de la famine, en coupe réglée.

Nous savons enfin que deux courants divisent l'Europe. Tôt ou tard, demain peut-être, sur terre ou sur mer, se rencontreront le Gaulois et le Saxon.

Le Saxon formaliste, hiérarchique, dominateur, égoïste; — le Gaulois modeste, philosophe, gouailleur, égalitaire, antiformaliste.

Alors le droit païen, le droit de l'exploitation, le droit divin, — tout cela ne fait qu'un, — se trouveront une dernière fois en face du droit social, du droit humain, du droit de la Révolution; et, dans une bataille dernière, l'Europe saura enfin si elle doit appartenir à l'arbitraire ou à la justice, relever du travail qui égalise ou du capital qui dévalise!

Rome ou Carthage, voilà le choix.

Étrange modèle, en vérité, pour des républicains que cette monarchie féodale industrielle.

Ah! vienne le jour où une plume hardie autant qu'habile, consciencieuse autant que sévère, clouera au

pilori de l'histoire des peuples les infamies de l'Angleterre, fera couler l'honneur anglais par tous les pores,
comme disait Shéridan, comme elle fit couler elle-
même le sang et la sueur des nations; une histoire des
Malheureux, et non un roman des Misérables, — et la
démocratie saura enfin à quoi s'en tenir sur le modèle
antihumain qu'on lui propose.

Arrière donc la doctrine anglaise, la politique anglaise, l'économie malthusienne ; arrière, pharisiens
d'outre-Manche !

Nous voulons être Gaulois et bien Gaulois, être les
fils de nos pères de 89.

Sachons donc bien une fois pour toutes que cette
mobilité tant reprochée à notre race est le gage de notre
avenir.

C'est en fouillant, en scrutant, en raisonnant sans
cesse, que les fils de Rabelais, de Voltaire, de Diderot,
ces éternels *taupiers* de la raison et du droit, sont ar-
rivés, d'oscillation en oscillation, de redressement en
redressement, à cet insatiable besoin qui les dévore
d'égalité dans les conditions de fortune, d'équilibre
dans les fonctions, qui font de nous une race de mal-
contents, plus soucieux du fond que de la forme.

Dans l'avenir, Jacques Bonhomme triomphera de
John Bull, soyez-en sûr.

Abstention donc à l'égard de M. Lavertujon, et que,
s'il veut tant servir la démocratie, il fasse un stage
d'application politique dans nos conseils municipaux.
C'est dans cette modeste et plébéienne institution que
doivent se former nos hommes politiques futurs ; ceux
qui aspirent à remplacer les Vergniaud, les Gensonné,
les Guadet, nos immortels Girondins.

Abstenons-nous !

Parce que, devant une rétrogradation de quatre-vingts ans par le parlementarisme, le constitutionnalisme, la centralisation à l'excès, l'épreuve est décisive, et nous commande d'aviser à d'autres moyens ; parce que la politique est morte d'impuissance et de duplicité ; que, pour nous, il s'agit avant tout de révolutionner les intérêts, seul moyen infaillible d'arriver au bien-être physique, toujours inséparable du bien-être moral, en dépit des pédagogues menteurs, des synagogues hypocrites.

Abstenons-nous, parce que ce ne sont ni les gloires parlementaires, ni les gloires militaires qui nous manquent. — La France compte par centaines *ses Démosthènes et ses Bayards*.

Arrivée à son âge mûr, ce qu'elle veut désormais, ce ne sont plus des phrases, du parlage, de l'art pour l'art, des romans ; c'est le droit appliqué par la science dans toutes ses manifestations ; le droit, cette abstraction hier, devenant demain une incarnation, une réalité.

Abstenons-nous, parce que nous nous faisons les participants, à notre insu, de l'unitarisme de la centralisation absorbante qui nous dévore, et nous rend, de fait, les répondants de l'Empire.

Abstenons-nous, parce qu'il s'agit, encore une fois, de fonder, de définir notre droit économique, qui doit faire de l'individu, de son indépendance, la garantie de sa liberté.

N'oublions pas que, si un membre du corps social aliène, abdique sa dignité, sa conscience dans la servitude du gagne-pain, la nation, la collectivité, *cette grande personnalité*, souffre dans son âme, s'amoindrit dans ses facultés, pour rouler bientôt de la décadence dans la mort.

Abstenons-nous, parce que le serment est une formule juridique qui, de gré ou de force, fait de l'assermenté un vassal, un homme-lige du prince ; or, ne reconnaissant que le droit humain seul, nous ne devons jurer par rien et par personne.

Jurer, ne vous y trompez pas, ce serait douter de notre conscience, de notre droit qui gît au fond de ses replis ; ce serait, comme les autoritaires, les partisans du droit divin, affirmer la double conscience : une sur terre, l'autre là-haut.

Abstenons-nous, parce que, devant la situation qui nous est faite, toute élection dans nos rangs serait un aveu de déchéance morale ;

Parce qu'une majorité impitoyable, abusant de sa supériorité numérique, de ses moyens d'action, de ses affinités, n'arrive à rien moins qu'à bâillonner la tribune, à annuler à la fois l'électeur et le député ;

Parce que, enfin, M. le Ministre, par sa circulaire, vient de nous mettre hors la loi, en nous déclarant hautement factieux, c'est-à-dire des prévenus relevant bien plus des tribunaux que de l'urne électorale.

Abstenons-nous, en reconnaissant solennellement le suffrage universel comme base de tous nos droits, droit économique, droit civil, droit public, droit international ; et montrons aux esprits les moins prévenus que les restrictions apportées à ce suffrage, les impasses légales où on nous demande de l'exercer, en ont fait un instrument de domination, et non un levier de liberté, et qu'il se trouve aussi faussé dans son essence que la représentation nationale en est amoindrie.

Abstenons-nous, enfin, parce que, les articles 31 et 32 de la Constitution rendant cette Constitution modifiable, le suffrage universel, comme tout autre instrument de politique, de civilisation, devient sujet à éducation, à progrès, à redressement, et qu'il doit un jour être, par son application pleine et entière, aussi bien le pivot de notre liberté que la garantie de nos droits ; ce qui nous permet de demander avec fermeté le couronnement tant promis de l'édifice impérial.

A ceux qui nous disent : Vous n'êtes pas pratiques, répondons : Nous sommes profondément dédaigneux de cette pratique prosmicuitaire et vénale, de ce compost, de ce fumier politique et moral, trop connu aujourd'hui pour suborner nos âmes honnêtes : — l'éclectisme.

Partout, en littérature, en beaux-arts, en morale, en économie sociale, en politique, cette pratique a semé la dissolution et recueilli la pourriture. En politique, l'éclectisme, c'est l'escamotage, l'abâtardissement des principes, le scepticisme des consciences, la Babel des idées ; en morale, en économie, c'est la doctrine de Malthus, c'est l'élimination scientifique du pauvre par le riche, son exploitation à merci ; c'est la consécration de l'immoralité dans le mariage ; c'est l'appauvrissement du sang et de l'espèce, le grand chemin du despotisme. Pour tout dire, en un mot, les malthusiens, pour nous, sont les Chinois de l'Europe, plus coupables cent fois que ceux de l'Asie, livrant les populations au fleuve Jaune de la misère, aux pourceaux de l'économie politique.

Oui, votre pratique énervante, opiacée, tend à endormir, à pervertir l'esprit et les cœurs par les loteries, par les orphéons, les fêtes de charité, les théâtres de salon, par la bohémanie artistico-littéraire, véritable pépinière de fainéants, d'impuissants, d'improductifs, de lazzaroni, de pifferari vaniteux, vrais types de cette médiocratie, de cette platitudocratie qui pollue la France, en contradiction manifeste avec le travail, avec le droit de la Révolution.

A ceux, maintenant, qui nous disent : L'abstention, c'est la mort, contentons-nous de leur répondre la formule de Descartes : *Cogito, ergo sum.* — La vie, c'est la pensée, c'est l'activité de la conscience, de l'intelligence ; c'est l'étude, c'est la méditation, la recherche laborieuse des problèmes sociaux, et non l'agitation formaliste, vaine, puérile, stérile, automatique, qui fait de nous une nation de perroquets sur le perchoir, d'écureuils dans une cage, machines et bêtes au service des Panurges, des Vaucansons de la politique et de l'absolutisme.

A ceux enfin qui nous disent : Les absents ont toujours tort, disons bien haut : Vient un jour, dans la vie des nations, où mieux vaut avoir tort avec Caton, avec Brutus, que raison avec la foule. Disons-leur : Quand battra le rappel de la liberté, de la Révolution, comme le premier grenadier de France, comme Latour d'Auvergne, mort au champ d'honneur, les morts d'aujourd'hui répondront : « Présent ! » et seront les plus vivants de demain.

Et, maintenant, à nos dissidents, à nos adversaires, à nos ennemis peut-être un jour, nous dirons :

Affirmez-vous publiquement, ouvertement ; ayez un

programme, un *credo* bien distinct de tous les autres, et répondez.

Êtes-vous, oui ou non, avec la Révolution contre l'Église, ou avec l'Église et avec la Révolution tout à la fois? Servez-vous deux maîtres, *Dieu et Mammon?* Dites-le donc, pour qu'on sache une fois pour toutes si vous êtes des révolutionnaires boiteux ou des catholiques à deux faces.

Car votre persiflage libertin et vos mysticités spasmodiques à l'endroit de la religion, nous trouvent également défiants.

Dites-nous si, confiants dans le droit humain seul, vous ne reconnaissez aucune formule juridique, ni serment, ni raison d'État, conséquences du droit divin ; aucun principe antérieur et supérieur au droit de la Révolution ; si vous voulez vivre et mourir dans la justice, dans les principes de 89.

Dites avec nous que l'autorité gouvernementale, si petite fût-elle, en chair et en os, est un reste d'idolâtrie ; que nous aspirons à l'impersonnalité du pouvoir par le contrat, par la fédération !

Demandons ensemble l'extension du crédit, sa quasi-gratuité amenée par des institutions de solidarité, de mutualité, comme seul moyen d'enrayer la prélibation du capital, de l'usure, de l'improductivité sur le travail, prélèvement accusé par les économistes eux-mêmes à quelque chose comme 60 p. 100 par approximation.

Demandons pour tous des garanties mutuelles, soit pour l'association agricole, industrielle, soit dans l'échange, soit par le rachat des canaux, des chemins de fer ou d'autres outils de la civilisation, une banque d'État et des banques fédérales.

Demandons l'enseignement secondaire obligatoire et gratuit au plus haut degré, théorique et pratique, dans les écoles d'application, les écoles de haut savoir, d'enseignement transcendantal, avec conscription ouvrière remplaçant la conscription militaire, parce que la Révolution veut avant tout des travailleurs et non des improductifs.

Demandons si pas ne serait possible d'amener le quart-état, le prolétariat, au capital, à la propriété, par des évolutions successives graduées.

Allons, libéraux, hommes de la Révolution et du progrès soi-disant, qui reculez jusqu'à 1830 pour vous trouver un nom de baptême !

Démocrates, dont le nom porte dans sa finale un aveu de cratie, de dictature inquiétant pour la liberté et pour le droit ! (*)

Démocrates cryptonymes, démocrates à huis-clos, trembleurs devant vos propres principes, nous pouvons vous appliquer les paroles du prophète Élie : « *Prêtres de Baal, criez plus fort ; peut-être que votre Dieu dort ou il est à table !* » car, voilà soixante-dix ans que vous appelez la Révolution, et elle ne vient pas ! — Ne serait-ce pas votre faute ?

> La cruelle qu'elle est se bouche les oreilles,
> Et vous laisse crier.

Dites donc ces choses-là ; osez les dire en plein soleil, au grand jour, authentiquement ; osez avoir, vous aussi, réformés du dix-neuvième siècle, votre confession d'Augsbourg ! Alors amis et ennemis sauront à

(*) *Kratein*, en grec *commander*.

quoi s'en tenir vis-à-vis de vous. Car, sans cela, objet de suspicion pour les uns et les autres, on peut vous appliquer le sens du proverbe castillan :

> *De mi amigo guardame Dios,*
> *Y de mi enemigo me guardare yo !*

Alors les tartufes de la Révolution, comme les appelle le journal *la Nation*, les Pharisiens du libéralisme auront vécu !

> Rompez, rompez tout pacte avec l'impiété ;

plus d'équivoque, et la conscience révolutionnaire sera soulagée. Alors, sans crainte comme sans envie, simplement, avec fermeté, nous pourrons dire aux hommes de la majorité du pouvoir : « En face de vos résistances opiniâtres, de vos dédains calculés, de vos insultes passionnées ; en face de vos répugnances anticonstitutionnelles ; en face de vos fins de non-recevoir ; en face de ce refus de participation aux affaires que vous nous imposez, alors que le suffrage universel, notre maître à tous, nous l'a conférée légalement comme à vous, nous nous retirons dignement, avec loyauté, mais avec fermeté, comme il convient à des citoyens pratiquant le droit et la justice.

Nous nous retirons ; désormais vous voici débarrassés de nous, dégagés de toute entrave, de toute enquête, de tout contrôle, de toute critique ; allez, agissez maintenant dans la plénitude de vos haines et de votre arbitraire. A vous désormais toute responsabilité devant l'Europe, devant la France, devant l'histoire. Que les faits, que leurs conséquences retombent en plein sur vos têtes et sur celles de vos enfants ! Mais rappelez-vous bien que devant ces faits, devant l'impitoyable logique, vous n'échapperez pas à la loi commune, à la haute juridiction de l'opinion publique que l'on ne viole pas impunément ; à ce Tribunal, qui juge en dernier ressort, en cassation, les hommes et les choses, les vainqueurs et les vaincus ! — Allez !

Quant à nous, rentrant dans la vie privée, dans la paix de nos consciences, dans le silence de l'étude, de la méditation, n'écoutant dorénavant que la voix de la raison et du droit, nous répéterons avec le premier génie de la Révolution de 89, avec Mirabeau :

Le silence du peuple est la leçon des rois !

J. BUZON jeune.

Au moment où se terminait l'impression de cette brochure, est apparu, dans la *Gazette de France,* l'appel de M. Jules Bastide, demandant l'abstention par bulletin blanc.

Cette idée complète la nôtre. Elle est à la fois et une négation et une affirmation. Nous déclarons l'accepter dans toutes ses conséquences ; nous nous y rallions loyalement, et invitons les démocrates abstentionnistes à s'y rallier.

Bordeaux. — Imprimerie générale de Mme CRUGY, rue et hôtel Saint-Siméon, 16.

www.ingramcontent.com/pod-product-compliance
Lightning Source LLC
Chambersburg PA
CBHW051156050726
47594CB00007B/2917